49831907R00062

Made in the USA
Middletown, DE
23 October 2017